AF267515

RÉSUMÉ

DES PRINCIPES DE LA RÉPUBLIQUE

ET DES

QUESTIONS ACTUELLES ET DE PROGRÈS

Par Ernest-Victor PETIT

MATIÈRES CONTENUES DANS L'OUVRAGE

CHAPITRE Ier

Allusion aux événements de la guerre. — Déclaration
et offre d'initiative de l'auteur.

CHAPITRE II

Du Paupérisme, des Crises Commerciales
et de l'Association.

CHAPITRE III

Des Rapports du capital avec le travail, et du travail
avec le capital.

CHAPITRE IV

De la mission de la France
et de ses intérêts présents et à venir.

CHAPITRE V

Résumé des Conclusions.

CHAPITRE VI

Réflexions morales, Conseils.

CHAPITRE VII

Des Principes du Gouvernement.

CHAPITRE VIII

Notation.

PRIX : 80 centimes.

PRÉFACE

Les personnes qui liront ce petit travail sont engagées et prévenues de ne pas prendre dans un sens tout à fait absolu et affirmatif les idées qui pourraient naître de cette lecture, attendu que nous considérons que le progrès peut souvent ne se réaliser que par une série et une suite continuelle et successive de moyens qui peuvent être subordonnés aux difficultés des temps et des circonstances.

RÉSUMÉ DES PRINCIPES DE LA RÉPUBLIQUE

ET DES QUESTIONS ACTUELLES ET DE PROGRES.

CHAPITRE PREMIER

Allusion aux événements de la guerre, déclaration et offre d'initiative de l'auteur.

Lorsque nous écrivions les chapitres qui font la suite de cette brochure, la guerre n'avait pas lieu, et la République n'avait pas été proclamée une troisième fois en France ; c'est pourquoi nous avons pris à vue de déclarer dans le premier de ces chapitres que quoique nous considérions notre travail comme l'expression la plus sérieuse et la plus praticable des institutions d'une République établie sur les bases de l'ordre, sur le suffrage universel et le principe de la revendication des droits de tous à la dispensation du bien-être, et de dire aussi que nous n'avions pas prévu que les conséquences et les calamités de la guerre actuelle (1) viendraient encore ajouter aux difficultés et aux misères d'un ordre social déjà trop déplorable, vicié et critique. Mais ces conséquences étant survenues, et l'état précaire et délicat de la situation actuelle faisant envisager un redoublement des sujétions, des cruelles angoisses et des misères qui sont la conséquence ordinaire de la position des travailleurs dans notre société, nous avons voulu, en le terminant, non pas prescrire et indiquer des principes précis, ni aucune théorie qui pourrait prêter à faire supposer que nous regardions nos principes comme la souche de l'infaillibilité ; nous avons voulu indiquer seulement que, à des travailleurs ou à des industriels qui auraient médité ce que nous avons écrit dans ces pages, nous prêterions, si cela était dans leurs sentiments et qu'ils veuillent en poursuivre la réalisation, le

(1) Guerre de 1870-71 avec la Prusse.

concours de notre capacité et de notre intelligence pour fonder et mettre en pratique des institutions desquelles doit découler pour tous la plus grande somme du bien-être public, et l'acquiescement et le rapprochement général de toutes les classes, dans la réalisation et la mise en pratique des principes de l'Egalité, de la Fraternité et de la Liberté.

CHAPITRE II

Du Paupérisme, des Crises commerciales et de l'Association.

Malgré l'apparente sollicitude, les souhaits, l'assurance et le désir, peut-être, de tout le monde, de faire activer l'industrie, les affaires commerciales, les éléments et les forces de la production, il est toujours un fléau, le paupérisme, que l'on ne peut déguiser entièrement, ni parvenir non plus à extirper de notre société, et qui semble marcher de pair avec elle, et se tenir en rapport et au niveau de nos modifications sociales, comme il le fut toujours avec les institutions du passé.

Ce serait bien vainement que l'on chercherait à déguiser ce fléau. Dans les époques de calme, quand la société semble avoir une confiance assurée en elle-même, le paupérisme se cache, et cherche à se cacher par tous les moyens possibles, parce que souvent ceux qu'il afflige auraient honte de l'afficher ou de le laisser connaître.

Sans doute, si il devait suffire du désir et des souhaits que l'on pourrait exprimer pour faire disparaître le paupérisme et faire vivre le monde parmi des éléments d'activité et de prospérité étonnants, chacun, à l'envie, se hâterait peut-être d'exprimer ce désir. Mais ce n'est point là un mal si facile à guérir, et si il est parfois le résultat et la conséquence de certaines calamités envoyées par la Providence, il est aussi inhérent à notre société par des raisons d'organisation, par des raisons que chacun peut apprécier : car comment se ferait-il, en effet, que depuis soixante-dix ans que notre société est, à ce qu'il semble, en travail de modification pour organiser le monde sur les meilleures bases possibles, elle n'ait pu parvenir à guérir et à extirper ce fléau ? Il nous semble qu'il y a là des causes qui doivent faire que quand nous nous étendrions un peu à ce sujet, nous devrions être pardonné.

Quand la société semble avoir le calme et reposer avec quelque confiance en elle-même, comme je viens de le dire, le paupérisme se cache, et ceux-là mêmes qu'il afflige seraient honteux de le laisser connaître. C'est alors que bien souvent les gouvernements sont trompés par cette apparence de calme qui surnage à la superficie des relations sociales, et que tout le monde paraît s'appliquer à vouloir entretenir. Mais s'ensuit-il que, parce que l'on voudrait cacher le mal, le mal n'existe pas ? Nous ne le croyons pas. Nous croyons, au contraire, que lorsqu'il en est ainsi, par ces raisons que le paupérisme est un fléau qui s'étend par ses conséquences aux relations commerciales, il s'amasse dans le sein des classes affligées un secret désir d'événements inconnus, qui, le plus souvent, ne tournent pas à l'avantage des gouvernements qui n'ont pas été prévoyants.

Il nous serait bien facile, assurément, de rendre bien plus évidente cette démonstration de l'influence du paupérisme sur les crises commerciales ; mais puisque ce n'est pas la démonstration du mal qui contribue à l'atténuer, et que cela nous écarterait du cadre que nous nous sommes tracé, nous nous en abstiendrons. Cependant, il arrive presque toujours que de légères modifications et de faibles mesures préviendraient les orages qui souvent s'amoncellent un certain temps avant qu'une circonstance imprévue les fasse éclater. Car comment ne pas reconnaître, en effet, dans la revue rétrospective que nous faisons ici de l'histoire du passé de notre pays, que c'est presque toujours de modications bien légères que dépend la marche des événements.

Ce n'est pas que nous voulions anticiper sur la sollicitude, la prévoyance et la responsabilité qui incombent à ceux qui dirigent les affaires, mais nous croyons qu'il n'y a pas autant de danger à se préoccuper de cette question qu'à l'ajourner indéfiniment, parce que nous croyons que c'est plutôt l'ajournement indéfini des choses nécessaires qui engendre les calamités, que la sollicitude qui s'attacherait à vouloir les prévenir. Or, le problème à résoudre sur cette question est depuis longtemps déjà défini, et il consiste à généraliser le travail et à étendre l'activité de l'industrie et des affaires, de telle sorte que le travailleur ne travaille pas seulement pour exister au jour le jour, ou pour pourvoir à l'empêcher de mourir de faim, mais aussi de telle façon que, par l'élévation des salaires, il puisse parvenir à se créer pour sa vieillesse une aisance qui le mette à l'abri de la misère et de la mendicité. C'est là, nous n'hésitons pas à l'affirmer, la seule solution, le problème mis en question par les événements politiques de notre pays, et auquel on reviendra toujours, quand même pendant un certain temps on affecterait de l'oublier.

Ce n'est pas non plus que nous soyons disposés, pour l'instant du moins, à exposer une théorie, ni à démontrer des principes qui puissent conduire au but que nous indiquons, et à faire croire que nous voulions nous prévaloir de toute capacité à ce sujet. Comme de même que nous n'avons voulu faire ici acuune statistique, ni aucune démonstration de chiffres, nous nous sommes seulement proposé d'éclaircir une question et une démonstration de principes, qui, comme cela arrive toujours dans les choses qui paraissent douteuses et contestées, qui est déjà dans le sentiment public. Car, il faut le reconnaître, le sentiment public, malgré la critique et tout ce que l'on en peut dire, est presque toujours le nec plus ultrà de toutes les novations, le thermomètre le plus certain de toutes les chose squi sont destinées à s'établir et à exister.

Or, on a peut-être déjà reconnu que nous voulons nous entretenir d'association, et peut-être s'attend-on à ce que nous fassions un exposé compliqué de principes et de démonstrations de cet état de choses, des principes sur lesquels il devrait reposer, et des avantges qui pourraient en résulter. Mais nous nous bornerons seulement à indiquer que quoique nous reconnaissions que l'association doive tendre à résoudre le problème que nous caractérisions plus haut, de généraliser le travail et répandre le bien-être parmi toutes les classes, nous nous abstiendrons de déclarer si les bases de l'association doivent reposer sur les principes de l'égalité des salaires, ou de toute autre théorie quelconque. Pour nous, il nous semble qu'il nous suffit de pouvoir indiquer que l'association tendant à mettre les produits du travail plus à la portée de toutes les classes, il en résultera que, en même temps qu'il y aura avantage pour les travailleurs par l'économie du bon marché, le travail pourra en recevoir une impulsion plus grande par l'élévation d'un plus grand nombre de consommateurs à la jouissance des produits de l'industrie, et que le bon sens public fera bien justice des autres choses qui ne reposeraient pas sur les bases et les principes de la justice et de la raison. Le temps viendra où ces principes seront mieux compris et mieux appréciés, et où, lorsque l'on se sera formé à être moins égoïstes et moins défiants les uns envers les autres, on vivra avec tranquillité et satisfaction dans les principes de l'association. Et pour parvenir à ce résultat, loin de croire qu'il faudra imposer à la société ou à l'Etat de grands sacrifices, nous affirmons qu'il ne faudra que le concours de quelque grande intelligence et de prendre à tâche de faire prévaloir ces principes.

Qui ne reconnaît d'ailleurs que le principe de l'industrie particulière succombe par le morcellement de la propriété, la multiplicité et l'insuffisance des moyens de fortune de ceux qui le représentent, et également parce que ce principe ne répond plus à la loi progressive des affaires de notre temps, qui, avec les forces actuelles de la production et la facilité des moyens de communication, pousse les peuples en général, les uns envers les autres, à des rapports plus importants de transactions et d'affaires.

———

CHAPITRE III

Des rapports du capital avec le travail et du travail avec le capital.

C'est depuis bien longtemps déjà que cette question est agitée sans cesse et sans cesse irrésolue. Les peuples de l'antiquité, comme ceux de notre âge et de notre époque, se sont continuellement préoccupés de cette détermination dans les questions qui touchent à l'intérêt du capital. Et comment, en effet, n'en serait-il pas ainsi quand c'est de cette question et de cette détermination que résulte toute la science du bien-être public?

Il est bien évident que de tout temps et chez tous les peuples, on s'est toujours élevé contre l'intérêt excessif: L'histoire de l'Empire Romain ne rapporte qu'en les flétrissant d'un stigmate d'opprobre de l'opinion publique, les opérations des usuriers de ce temps, et cependant, de nos jours, à part quelques articles de loi, impuissants à empêcher le mal; la société, on peut le déclarer, n'a rien créé d'efficace pour arrêter l'entraînement de l'agiotage et de la spéculation.

Quelques novateurs modernes seulement, depuis quelque temps, ont cherché et entrepris de contester le principe de l'intérêt, surtout en ce qui est matière de crédit, et de l'intérêt des prêts hypothécaires; des avances, en un mot, faites à l'industrie et au travail. Car, il faut le dire aussi, le crédit hypothécaire lui-même, dans notre pays, n'est créé qu'en faveur de celui qui possède, en sorte que, outre l'intérêt exagéré et exorbitant des valeurs industrielles, le crédit n'est pas le moins du monde établi en faveur de ceux qui ne possèdent pas où qui n'ont pas l'avantage de posséder assez pour offrir des garanties au moins triples où quadruples de la valeur du prêt. Or, est-il juste que dans un pays comme la France, tout soit fait en faveur des uns et rien en faveur des autres ?

Il peut y avoir différentes variétés d'intérêt, selon que cela soit le principe de l'usufruit de la propriété matérielle ou foncière, ou celui de l'usufruit des valeurs et des capitaux engagés dans l'industrie.

L'intérêt de certaines propriétés foncières peut, peut-être, être plus élevé que celui des capitaux ou des valeurs engagées dans l'industrie, en ce qu'il comporte davantage l'usufruit et la dépréciation de la chose, et de la fixité de l'intérêt à un taux approximativement régulier et non exagéré, il résultera toujours un bien public général, en sorte que c'est de la possibilité et de la réalisation réelle de cette question que dépend le succès de la solution dont nous nous occupons. Ce but, en effet, peut-il être atteint, peut-il être indiqué ? Nous n'hésitons pas à l'affirmer ! Ce qui fait le mal de notre temps c'est que l'État ne prend pas assez l'initiative des institutions de crédit, c'est qu'il les laisse trop à la merci de l'industrie et d'une anarchie privée.

Nous ne concluons pas cependant, et nous sommes loin de conclure comme autrefois certains publicistes, à l'abolition totale où presque totale de l'intérêt. Cette opinion, nous le croyons, tient à des conceptions chimériques, à des idées d'organisation qui ne se réaliseront jamais ; car, même en admettant que le principe de propriété subisse différentes modifications, l'intérêt, outre qu'il en est le principe conséquent et inséparable, sera toujours regardé comme le stimulant du travail, comme la personnification de la représentation de la propriété.

Ce qui nous semble possible, c'est que la société prenne à tâche d'organiser le crédit pour toutes les classes, de porter remède dans une certaine limite à l'imprévoyance des uns et à la frénésie de la spéculation chez les autres. Car, ce qui fait le mal de notre époque, comme ce qui l'a toujours fait, c'est cette prétention du capital ou de ses possesseurs, de croire pouvoir ne se prêter qu'avec des chances de réalisation exorbitantes de bénéfices. Ces espérances qui, la plupart du temps pourtant ne se réalisent que par les plus amères déceptions, n'en contribuent pas moins à faire tenir le capital caché et en réserve, tandis que si nous possédions des institutions d'épargne et de crédit créées avec toute la prévoyance que peut comporter un pareil sujet, nous pourrions reconnaître d'une manière bien plus favorable au bien de tous, les rapports plus étendus du capital avec le travail et du travail avec le capital.

L'intérêt, qui est la représentation la plus réelle et la plus caractéristique du principe de propriété, pourra avoir cela d'essentiel et de bon, que si il est admis que la propriété devra procéder du travail, il pourra se trouver affecté à un état de parasitisme dans l'existence de l'homme, il pourra être le but vers lequel tendront les efforts des travailleurs, pour dans l'âge avancé de la vie humaine, être un élément de ressources pour celui dont l'existence aura été affectée au travail. Il pourra de même avoir cela de bon, que si, dans l'état d'imprévoyance de nos institutions et de notre société, un individu, un père de famille, vient à manquer au soutien des siens, la ressource d'un travail amassé quelconque pourra, pendant un certain temps, satisfaire aux besoins de sa famille ou de ses enfants en bas âge.

On reconnaîtra donc avec nous que l'intérêt peut n'être pas un mauvais principe, puisque dans les apparences il peut lui être assigné un but tout à fait utile, un but de prévoyance et de sagesse. Mais ce que l'on doit s'appliquer à réformer, c'est le principe immoral qui, à certains temps et à certaines périodes de l'existence des sociétés, se produit par la spéculation l'agiotage et l'usure. Lorsque ces ces fatalités se produisent, la propriété prend tout-à-coup une valeur active extraordinaire, le capital ne se prête plus qu'avec usure, l'agiotage devient le mobile des affaires, et il n'est pas rare d'apercevoir que l'élément possesseur prétende doubler son importance dans l'espace de quelques années. Or, quand ces particularités se produisent, les conséquences qui en résultent s'établissent par un état de souffrance dans la société, parce que le capital cesse de devenir l'élément vivifiant du travail, qu'il se retire ou ne se place plus dans les affaires qu'avec un rôle illicite, tant est grande alors la frénésie de l'agiotage et de la spéculation. Et comment, en effet, n'en serait-il pas ainsi, quand on voit tous les jours dans les journaux d'admirables promesses d'annonces et de réclames, s'indiquant aux capitalistes par la promesse d'un bénéfices de cinquante pour cent ou de cent pour cent, etc., etc.

Assurément, il n'arrive presque jamais que les résultats réalisent les espérances de ces promesses illusoires, mais il n'en est pas moins vrai que les possesseurs de capitaux, bercés le plus souvent par des espérances chimériques, quoique n'en rencontrant pas la réalité, aiment mieux garder pendant longtemps inactives des ressources qui, en se répandant dans les affaires, feraient le bien de tous.

Et comment aussi en serait-il autrement, car ce n'est pas l'industriel dont le travail et les bénéfices sont la plupart du temps restreints et annulés par la concurrence et par les conséquences d'un état de choses qui, en donnant aux produits du travail un prix exagéré, s'oppose à la consommation et à l'écoulement de ces produits ; ce n'est pas l'industriel dis-je qui peut offrir et faire des offres analogues aux offres chimériques de la spéculation.

Nous ne craignons pas que l'on nous conteste que ce soit là le principe du mal ; principes résultats et effets saisissants, et reconnus de tous. Mais pourrait-on peut-être nous dire : Quel pourra être le remède à cet état de choses, puisque ce n'est là que la conséquence du principe de propriété et de liberté. C'est ce que nous ne voulons pas préciser ici, et c'est ce qui peut-être ne sera pas le résultat des conseils et de l'initiative d'une individualité. Seulement, nous affirmons que lorsque le gouvernement aura pris davantage le principe d'organiser le crédit, et la société le principe des institutions collectives, on aura fait un grand progrès sur l'état et les conséquences de l'ordre de choses actuel. Et si cet ordre de choses que nous venons de signaler ne subissait par périodes aussi des

- réactions importantes, si à certains temps cette tendance représentative
de la propriété et du capital à s'exagérer leur valeur ne subissait pas
des modifications importantes, la destinée de l'artisan, des travailleurs,
ne manquerait pas de devenir bien délicate et bien précaire : parce que
les rapports des salaires avec les prix des choses nécessaires, indispen-
sables aux besoins et aux habitudes matérielles de la vie actuelle, ne seraient plus conciliables ; ce qui n'empêche pas que, malgré ces réactions,
la propriété tende sans cesse à s'élever, sans que les salaires subissent
cette impulsion d'augmentation qui pourrait les maintenir en rapport
avec les nécessités de la vie actuelle. Et, ajoutons que si ce mouvement
ascendant de la propriété subit parfois des réactions, ce n'est la plupart
du temps que par des perturbations et des événements qui le plus sou
vent, avant de réaliser et d'accomplir un peu de bien, produisent et
enfantent beaucoup de mal.

Donc, si il est possible de reconnaître les inconvénients et les
désavantages du système actuel, il doit être permi d'appeler de tous ses
vœux l'instant où une autre organisation aura créé des institutions de
crédit qui en le propageant et en déterminant les bases de l'intérêt,
auront modifié le principe qui fait que le capital est l'instrument de l'ex-
ploitation de l'homme, et en auront fait l'instrument vivifiant du travail.
Ce résultat pourra être d'autant plus atteint, que les travailleurs en faveur
de qui doivent se développer les principes d'association, prendront
davantage à tâche de ne pas travailler que pour vivre au jour le jour, et
qu'ils se préoccuperont de l'intention d'apporter chacun quelques ressources aux éléments de l'association, alors chaque associé, contribuant pour
une part quelconque aux ressources de l'apport social, pourra avoir le
droit de contribuer à assigner au capital les limites de ses avantages, et
c'est ainsi que se trouverait véritablement fondé le principe de l'association du travail avec le capital. Ajoutons aussi que lorsque les associations
en seraient parvenues à ce point, elles auraient pour elles infailliblement
les avantages des institutions de banque et de crédit, fondées en faveur
de l'intérêt général.

CHAPITRE IV

De la mission de la France et de ses intérêts présents et à venir.

Lorsque l'on passe un examen et une revue rétrospective de l'histoire du passé et de la destinée des peuples qui tour à tour ont tenu le premier rang dans le monde et les affaires de la civilisation, depuis Babylone, Carthage, l'Empire Romain, Venise et jusqu'à nos jours, il est permis de se demander et de douter si quelque jour la France ne descendra pas également de cette haute fortune, et de cette apogée de grandeur à laquelle elle s'est élevée, et qui l'a placée au premier rang des nations et de la civilisation. Ce n'est pas que je veuille propager et répandre des alarmes et des incertitudes, lorsque les apparences et la confiance de toute une nation paraissent témoigner pour l'avenir d'un horizon sans nuage, et de la continuation de cette prospérité et de cette grandeur à laquelle la France s'est élevée surtout depuis 1789! Sans doute, si on compare ce qu'est actuellement notre pays, avec ce que furent les peuples que je viens d'indiquer, chacun aux diverses périodes de leur grandeur, on doit se sentir rassuré de ces craintes et de ces appréhensions; car, en scrutant profondément le principe de ce qu'est la France, on y reconnait non pas seulement le résultat de la volonté et du pouvoir de ses gouvernements, ou de celui d'une caste privilégiée, mais le résultat du principe et des éléments de nos institutions, de la grandeur dans la prospérité et la puissance, par la réunion de la force des institutions et de la solidarité du pouvoir émané de tous. Cependant, lorsque l'on compare comme je viens de l'indiquer l'histoire des peuples descendus jusqu'ici du rôle important qu'ils ont occupé pendant un temps, on ne peut s'empêcher de reconnaître qu'il y a dans l'existence de chaque peuple en général, quelque nombreux qu'il soit, des instants où le sentiment des affaires publiques fait défaut. Car, comment expliquer cette chute de Babylone dont l'imprévoyance de son chef anéantit en une nuit la fortune, celle d'Athènes, de Venise de l'Empire Romain et de tant d'autres qu'il nous importe peu d'énumérer ici, attendu que nous ne nous sommes proposés que d'indiquer aussi brièvement que nous le pourrons, ce qui nous paraît devoir être la mission de la France, où le principe et le moyen de sa conservation au rang où elle s'est élevée jusqu'à ce jour.

Il ressort véritablement de ce que nous venons d'énumérer ici qu'il y a pour chaque période de l'existence et de l'histoire des peuples, un caractère et une mission spéciale qui semble résulter de leur situation dans l'ordre de la civilisation, comme de la situation dans laquelle ils sont placés envers les autres peuples. C'est ainsi que la mission de la France, prise à ce point de vue, semble devoir être de s'élever à l'apogée de la puissance industrielle et commerciale et d'adopter particulièrement dans ses rapports avec les autres peuples le rôle de puissance industrielle, comme autrefois les Phéniciens, Carthage et autres. Il faut ajouter aussi que tout dans le principe de nos lois et de nos institutions semble avoir jusqu'ici contribué à seconder ces prédispositions particulières du rôle national et que sans doute il en sera de même encore dans l'avenir, il faut l'espérer.

Je dis que tout à contribué dans le principe de nos lois et de nos institutions à élever la France au rang de puissance prépondérante industrielle, parce que depuis le principe de la division du domaine patrimonial et du morcellement successif de la propriété, tout à toujours contribué à enrichir le corps social, et à préparer, nous le croyons, les voies au principe d'association. Car, en même temps que le morcellement de la propriété à créé une bien plus grande somme de bien-être pour toutes les classes en général, il en est résulté que par les innovations introduites dans l'industrie, et par ce même morcellement de la propriété, l'augmentation et la concentration de la population sur le sol, l'industrie particulière ou privée ne peut plus répondre aux nécessités de la mission nationale.

Il n'y a plus actuellement dans les mains de simples particuliers des ressources suffisantes pour entreprendre ces grandes transactions qui tendent à devenir le caractère et le principe général des relations actuelles des peuples. Et pour que la France ne reste pas en arrière de notre époque et du temps actuel, il faut qu'elle se prépare à rendre avec avantage aux autres peuples ce qu'ils pourront lui donner de moyens de bien-être et de félicité sociale, en utilisant les forces productives de sa puissance industrielle et des moyens de production par l'établissement et le développement des meilleurs principes possibles. Et nul doute que par l'association on ne parvienne à ce résultat, et qu'alors la France, par la puissance de son industrie et de ses moyens de progrès industriel, ne parvienne à être en mesure de satisfaire à ces obligations du rôle national envers les autres peuples. Alors il pourrait être possible d'établir à l'étranger d'immenses entrepôts, et nos escadres et nos marins porteraient au dehors les preuves que la nation française serait toujours la première nation du monde.

Je ne crois certainement pas avoir besoin de répondre à la critique des adversaires déclarés et systématiques des principes d'association. Je sais qu'il y a toujours des gens disposés à critiquer, même ce qu'il pourrait y avoir de plus parfait. Et à ceux qui déclament contre des principes qui paraissent devoir être, et qui seront l'arche de salut et la sauvegarde de la société actuelle, j'exposerai qu'ils critiquent des innovations ou des modifications qui sont déjà incarnées dans nos institutions, par l'adoption du principe de société ou de compagnie, pour tout ce qui est des grandes affaires et entreprises de tout genre.

Où en serait donc la société s'il avait fallu demander à l'industrie particulière l'exécution des chemins de fer, comme des plus importantes voies de communication et de la plupart de nos grandes entreprises d'utilité publique. Combien est-il de ces choses qui n'auraient pas pu seule-

ment être mises à l'état de projet! De même, il existe aujourd'hui un prin·
cipe qui tend, par l'effet de la concurrence, à restreindre le travail et à
l'annuler au plus grand préjudice des travailleurs : c'est que, par le mobile étroit de cet esprit d'industrie et d'intérêt particulier, tout acqué-
reur ou traitant, en quelque chose que ce soit, doit se tenir en garde de
ne point être subtilisé et trompé ; car, dans le plus grand nombre des
affaires, il semble que l'on ne prenne plus à tâche aujourd'hui que de se
duper les uns les autres.

Si l'industrie particulière ou privée n'avait pas eu pour conséquence de détruire la garantie morale et consciencieuse des affaires, la
qualité et la sincérité de tout, sans doute on n'aurait eu qu'à se louer
de l'effet de ce principe, qui aurait entretenu comme un stimulant en
toutes choses l'esprit d'activité et de progrès. Mais, comme je viens de
l'indiquer, la concurrence a détruit la moralité des affaires, la qualité et
la condition la plus importante des éléments du travail et du commerce,
la sincérité et la franchise, à ce point qu'il semble que chacun doive
toujours craindre aujourd'hui de se faire tromper dans quelque affaire
que ce soit, soit dans la qualité des matières, ou de l'exécution du
travail, ou du prix de la chose vendue ou achetée. Et combien toutes
ces choses ne contribuent-elles pas à arrêter l'essor de toutes les affaires
et à diminuer l'attrait de la possession qui en le stimulant le plus actif,
et combien aussi ne contribuent-elles pas à créer et à entretenir dans la
société l'esprit de dangereuses erreurs, comme celui de se passionner
souvent pour des doctrines ou des choses impraticables, et d'entraîner
parfois aussi l'esprit des nations à des passions de guerre et d'envahis-
sement où les générations usent, le plus souvent avec leur sang et leurs
ressources, le fruit du bien-être de leur époque, du travail et des priva-
tions ! Qu'il est donc bien à souhaiter que l'esprit d'association vienne
créer d'autres principes, et en même temps que modérer le principe de
la concurrence, rétablir celui de la moralité et de l'impulsion des affaires
et du travail, et l'avènement d'une époque plus garante de la sincérité,
de la qualité et de la valeur des choses! C'est là, nous l'espérons, un

progrès qui ne peut manquer d'arriver, ou un peu plus tôt, ou un peu plus tard, selon que ceux qui tiennent en mains les moyens de lui être favorables, l'auront été plus ou moins. Malheureusement, nous devons le reconnaître et l'indiquer pour terminer ceci, ce qui s'oppose le plus au principe d'association, c'est, en général, le manque de confiance de tous, les uns envers les autres, là où des sentiments plus droits et une conviction plus méditée suffiraient souvent pour établir la possibilité de toutes ces choses.

Dans l'état de choses dont nous entreprenons de démontrer ici les conséquences, il est certain que le principe du commerce sera plus moral, moins à la subtilité et à la dénaturalisation de la valeur des choses, et que les intéressés n'étant plus mus par le mobile étroit de l'esprit du commerce actuel, de faire fortune en très-peu de temps, tiendront davantage à honneur de perfectionner le travail et d'établir le caractère de leurs affaires sur les principes de conscience et de moralité. Car, dans cet état de choses aussi, la réalisation des principes que nous caractérisons pourra être regardée comme l'état définitif de la position de l'homme et du travailleur dans la société.

Du reste, on remarquera que je ne viens point proposer de faire décréter par l'Etat l'abolition de l'industrie ou de la propriété privée ; partisan des principes de liberté, je n'ai de passion pour aucun principe exclusif et absolu ; j'admets que celles-ci pourront continuer à subsister avec les conséquences de nos modifications. Ce que j'ai en vue, c'est la modification par la libre initiative de ceux qui peuvent y être intéressés, et ce que je poursuis, c'est de démontrer comment la propriété s'est déjà modifiée, sans que pour cela on devienne plus malheureux, et par conséquent comment on peut supposer qu'elle peut se modifier encore.

Autrefois, on appelait propriété les limites d'une province, le sang et la vie de l'homme ; plus récemment et encore de nos jours, ce sont des parcelles de terre limitées et bornées. Mais, aujourd'hui aussi, la propriété est souvent renfermée dans un coin du portefeuille, et cependant, pour rien au monde, la société ne voudrait rétrograder. Que cela soit donc la preuve que si il a beaucoup été fait déjà par le passé, il peut rester beaucoup à faire encore pour l'avenir.

CHAPITRE V

Résumé des Conclusions

Pendant un certain, temps nous avions regardé les chapitres qui précèdent comme l'œuvre entière de notre travail; puis, il nous est venu à l'idée de consacrer quelques lignes encore à la réfutation des principes de réaction et des idées de ceux qui voudraient se persuader que les institutions devraient être ramenées aux principes de monopole et de privilége, et le peuple à la condition du servage et du prolétariat.

Sans doute, ceux qui auront lu ces pages apprécieront dans quel ordre d'idées elles ont été écrites, et combien nous sommes antipathiques à cette opinion, et si je n'ai pas établi clairement quelle devra être la part d'influence et d'initiative qui pourrait revenir à la société dans l'ordre de choses que j'ai pris à vue d'indiquer, j'espère du moins que l'on ne me contestera pas que cet ordre de choses serait un véritable progrès. Car il doit être incontestable, clair et très-positivement clair, qu'il y aura avantage pour les travailleurs, lorsqu'ils prendront part aux bénéfices des affaires, et que de ces avantages il résultera pour la société une plus grande dispensation de bien-être et de l'activité commerciale.

C'est ainsi que peut se résumer notre opinion, que nous entrevoyons la constitution d'un ordre de choses où la nécessité du travail ne paraîtra plus comporter et entraîner pour le travailleur le sentiment d'un préjugé, ni d'une infériorité classique, et où le travailleur ne sera plus regardé comme une machine.

Je regarde cet ordre de choses comme le plus grand progrès pour arriver à l'apogée de la richesse nationale et individuelle, à l'apogée du développement du commerce et d'institutions par lesquelles il suffira, à l'étranger et par tous pays, d'être Français, à quelque classe de la société que l'on appartienne, pour être regardé et considéré comme prince. Car il est bon d'ajouter que nous croyons que l'instruction et l'éducation, ayant pu se répandre et se propager à la faveur de ces avantages, contribueront à maintenir le peuple français en rapports de supériorité intellectuelle et matérielle, comme il l'a été jusqu'ici, comparativement et relativement aux autres peuples.

Répétons donc, en terminant ce chapitre, que nous considérons et que nous considérerons toujours notre travail comme l'essence, l'esprit et le résumé de la politique nationale actuelle.

CHAPITRE VI

Réflexions morales, Conseils.

Je n'avais point calculé non plus, en méditant ce travail, que je prendrais à vue de donner quelques conseils à ceux de qui la position à venir dépend des principes d'économie et d'ordre; puis il m'est apparu que notre nature est assez imprudente et imprévoyante pour que cela ne soit point une chose superflue. Il m'est apparu que nous sommes assez enclins par nos penchants et les vices de notre nature, à nous écarter de ce qui peut faire la base de notre avenir et de notre position de futur bien-être dans la société, pour que j'entreprenne de combattre ici, dans quelques lignes, le principe de ces mauvaises dispositions.

Il est bien positif, en effet, que nous n'oublions que trop souvent, en général que la base essentiel de notre avenir dépend des principes de conduite et d'ordre, de la sage et prudente disposition de nos ressources pécuniaires. Car, quelle que puisse être l'importance de ces ressources que notre travail ou notre talent met à notre disposition, il est bien évident que si nous en prodiguons, ou que nous en dépensions constamment la somme totale, nous pourrons arriver à avoir parcouru toutes les périodes de notre existence sans avoir pourvu à aucun principe de prévoyance envers les sujétions de notre vieillesse.

Si l'état social n'a point été créé ou n'est pas établi sur un ordre de choses qui soit l'appellation de tous à la jouissance ou à la dispensation d'une même somme de bien-être, nous ne devons pas oublier qu'il dépend de notre initiative d'en corriger une partie des conséquences par l'économie et l'ordre, ces deux plus féconds éléments de la prospérité Et sans m'étendre à rechercher ou à discuter si cette perfection pourra être atteinte, je prendrai sur moi de dire qu'il n'arrive que trop souvent que l'on dépense dans des excès et des prodigalités, qui sont en réalité la débauche, des ressources dont on pourrait tirer le parti le plus profitable par une prudence réfléchie et une sage prévoyance.

Sans doute on ne peut point assez déplorer cette imprévoyance et cette irréflexion, qui font prodiguer, dans bien des circonstances, avec tant d'insouciance et d'indifférence, des ressources dont on ne tire le plus souvent aucune jouissance de bien-être ni de satisfaction morale, d'autant plus que cela est pour la plupart la plus grande et la plus principale cause de toutes les misères humaines. Combien ne vaudrait-il pas mieux qu'à ces idées d'imprévoyante imprudence et d'irréflexion, il vienne succéder des inclinations et des dispositions à la pratique et au sentiment des choses qui tendent à élever l'âme et à l'entraîner à des inclinations moins abjectes.

Il faut dire néanmoins que notre société est en voie de progrès dans le genre de ce que j'indique ; que déjà ce que je viens d'expliquer tend à disparaître comme ayant été le type d'une société postérieure à la nôtre et de mœurs moins cult ivées. Ce qui peut témoigner de ce que j'observe ici , c'est la constance des travailleurs en général à entreprendre de perfectionner dans leurs instants de loisir, par une louable application à ce qui touche aux beaux-arts, l'aridité d'une éducation incomplète et insuffisante. C'est, en effet, en se dévouant à l'étude et au perfectionnement de ce qui peut compléter pour les uns la nécessité d'une éducation professionnelle , et pour les autres la connaissance d'arts utiles ou agréables à la société, que les travailleurs se rendront véritablement dignes de prendre, et qu'ils prendront réellement la place qu'ils aspirent à occuper dans la société. S'il n'en était point ainsi, que les travailleurs prennent à tâche de vivre de mœurs régulières, et d'adopter des idées d'ordre et d'économie, il faudrait désespérer de voir s'établir peut être jamais dans l'ordre social les progrès qui pourraient leur être profitables. Les effets et les conséquences de l'association elles-mêmes pourraient bien ne jamais exister qu'à l'état de problème, car il serait bien hasardeux que tant qu'il sera dévolu à des capitalistes ou à d'individuels particuliers de faire agir les ressorts du travail, ceux ci consentent à en partager les bénéfices avec les ouvriers. Il faut que si les ouvriers aspirent aux bénéfices et aux avantages de l'association, qu'ils prennent à tâche d'adopter des principes d'ordre et d'économie qui puissent leur procurer les moyens de se seconder mutuellement, et ensuite qu'ils cèdent aux capacités et au talent la direction des créations de ce genre.

Telle est, en définitive, notre conviction profonde, que nous croyons que si les principes d'association sont destinés à se perpétuer et à se généraliser, cette réalisation ne pourra s'acquérir que par la sagesse et la prévoyance de ceux qui y sont intéressés, c'est-à-dire par des mesures d'économie et d'ordre. Et puis, est-ce que quand l'espèce humaine se corrigerait entièrement de ces penchants de prodigalités et d'excès auxquels on se laisse entraîner dans bien des circonstances, est-ce qu'elle en serait moins heureuse ? Une pensée de philanthropie peut nous exciter à engager le monde à méditer sur ce sujet, que c'est ainsi que lorsque ceux qui n'ont pas d'entretien de famille et de charges, se livrent à ces dérèglements, aux prodigalités et aux excès ; que c'est ainsi, disons-nous, qu'ils mettent la cherté sur les éléments de subsistance et les produits du sol, et qu'ils contribuent à faire le désespoir de ceux qui ont à pourvoir à l'entretien d'une famille, étant cause qu'ils se trouvent, par ces conséquences, dans l'impossibilité de pouvoir y réussir.

Je termine par cette méditation qui pourrait fournir matière à examiner ce que c'est que la charité et la bienfaisance, ces sentiments inspirés de la philanthropie dont on affecte souvent d'afficher les dehors et les apparences, quoique ces vertus soient éloignées encore des vertus civiques, auxquelles on devrait sans cesse s'efforcer d'atteindre.

CHAPITRE VII

Des Principes de Gouvernement

Ce qui pourra être un obstacle encore à la réalisation des principes que je viens d'exposer, c'est cette faiblesse de l'individualité humaine de vouloir caractériser le principe de propriété par le droit exclusif et absolu de disposer d'une parcelle plus ou moins étendue de terre, ou d'un certain amas de pierres, de briques, ou de quelques matériaux. Aux yeux de notre faible naturel, il semble que la possession de quelque chose que je viens d'indiquer doive déifier notre être et créer en quelque sorte un paradis où ce qui pourrait rester de nous devrait reposer éternellement, comme si le principe de propriété défini et établi par nous n'était pas d'institution humaine, et, comme toutes les choses qui sont de ce monde, prédestiné à être continuellement battu et heurté par les vagues et les tempêtes des agitations sociales; comme si encore, une fois que nous sommes trépassés, la propriété ne restait pas l'apanage exclusif des vivants, n'était pas soumise à la loi de l'instabilité et des vicissitudes des affaires humaines et à celle des affaires du progrès ; comme si, une fois que nous sommes rentrés en terre, il pouvait nous rester quelque chose encore à démêler avec les vivants.

Ce fut toujours le principe des potentats du monde de morceller la *terre* ou le *sol* pour s'en attribuer et en attribuer les plus grandes parties à leurs favoris, et afin d'empêcher les habitants, en les attachant au sol ainsi morcellé, de pouvoir se réunir et associer leurs efforts dans le but de trouver une amélioration à leur sort dans la vie collective. Mais, comme par le fait, ces principes ne sont que d'institution et de création humaine, ils subissent l'influence de la loi de l'instabilité des choses humaines, ils se modifient ; c'est pourquoi l'action collective des capitaux a pu déjà créer nos lignes de chemins de fer et de canaux, ainsi qu'une quantité considérable de grandes entreprises qui sont, en temps ordinaire, la richesse du pays et la force de nos institutions, le moyen de prospérité de toutes les classes. Continuons donc à modifier, sans partialité, dans nos institutions, ce qui peut gêner, sans perturbations, l'initiative et la liberté de tous, c'est ainsi que nous ferons la France grande et prospère.

NOTATION

Comme nous avons fait, dans le premier des chapitre de cet écrit, la promesse de seconder de notre bon vouloir et de notre intelligence ceux qui voudraient réaliser et établir n'importe quelle création qui serait, ou qui se rapprocherait seulement de la réalisation des principes que nous avons énumérés, nous devons à nos lecteurs de leur dire, en premier adieu et en terminant, que nous indiquerons notre adresse dans les prochaines éditions de ce travail, afin que, quiconque le voudra, puisse correspondre avec nous, des affaires momentanées nous empêchant de pouvoir l'indiquer présentement.

PARIS

TYPOGRAPHIE ET LITHOGRAPHIE ÉDOUARD VERT,

Rue Notre-Dame-de-Nazareth, 29.

—

1871